Malva Rosenfeld

Delar av mitt hjärta

Diktsamling

Foto framsida: Malva Rosenfeld
Författarfoto: Pernilla Gustafsson

Förlag: BoD – Books on Demand, Stockholm, Sverige
Tryck: BoD – Books on Demand, Norderstedt, Tyskland

ISBN: 978-91-7969-097-7

TILL

alla de som förlorat någon nära,

alla de som älskar och saknar

FÖR

alla som finns och funnits

DIKTSAMLINGEN

Första delen – Det sköra hjärtat
När vår värld rasar samman efter att någon vi
älskar lämnat jordelivet.

Andra delen - En värld så olik min
Resor som förändrat min syn på livet.

Tredje delen - Början på något nytt
Ljuset som finner sin väg tillbaka.

Fjärde delen - Hjärtats inre styrka
Ord om känslor som rör om i ens inre.

Femte delen - När vi blir hela igen
Om att finna sin väg i livet och om människor
som gör en lycklig.

FÖRORD

Jag tänker på det, hur skrivandet blir livet.
Hur livet blir skrivet. Skrivandet blir ett sätt
för mig att förmedla det obegripliga,
oändliga och omedvetna.

Det tillåter mig att känna, *allt*.

Första delen

Det sköra hjärtat

Våga

Våga
inte utan rädsla
utan trots rädslan

Minnen som stannar kvar

Vissa minnen är av det slag
att de alltid stannar kvar

Vad som än händer
vilka man än möter

Så lämnar de där minnena
aldrig riktigt näthinnan

Vissa minnen stannar kvar
även om personen inte gör det

Det är både något smärtsamt
och fint med det

Att vi alltid
har minnena kvar

Kort är tiden

Himlen går från kolsvart
till mjuk himmelsblå
Innanför de stora fönsterna
tar du snart ditt sista andetag

När himlen övergår till ljusblå
och en ny dag gryr
Lämnar du jordelivet
för att möta något nytt

Utanför går himlen från kolsvart
här inne kommer mörkret snart att falla
Omsluta både dig och mig
lämna de nära i en djup sorg

För snart
tar du ditt sista andetag
när mörkret
övergår till ljus

14

Överallt

Du är överallt
ännu mer nu
när du inte längre
är här

När tiden rinner ut

Det är något speciellt
med att prata med någon
som om en tid
inte längre finns

Någon
vars dagar är räknade
Sanden i timglaset
rinner ut

Mellan våra fingrar
kan vi se den försvinna
Abstrakt
ändå så konkret

Vi vet
att om en tid
är det enda som finns kvar
minnen och det skrivna ordet

Sakta men
så smärtsamt definitivt
rinner sanden
en sekund i taget

För att till slut
vara tomt
när livet
är till ända

Det är något speciellt
med att prata med någon
man om en tid
inte längre kan prata med

Minnet som sakta brister

Funderar på
hur det känns
att vara dement

Om man minns
att man inget minns
eller om man inte minns
att det finns något att minnas

Utan dig här bredvid

Så var allt tomt
där fanns ett rum
som inte längre var fyllt
Ett rum som varit ditt
men som nu stod tomt

Där fanns ett rum
kvar fanns minnena och sorgen
kvar fanns kärleken och saknaden
men inte du
du var inte längre där

Jag skulle aldrig mer få vara dig nära
aldrig vila i dina armar
aldrig promenera till bageriet en tidig
morgon
aldrig tillsammans med dig
Och det är så tomt
utan dig här bredvid

När du lämnade jordelivet

Min värld
blev så mycket
mörkare
när du försvann

Vägen ut ur mörkret

Jag vill visa dig vägen

ut ur mörkret

Låta dig ledas av ditt hjärta

ljudet av regndroppar som faller

Himlen som öppnar upp sig

marken som står i brand

Följ ljusets låga

du har det inom dig

Följ det ut ur mörkret

Du är aldrig ensam på din färd

Ljuset bortom horisonten

Denna eviga väntan
som känns i varje del av kroppen

Min kära
tids nog kommer du få veta

Då
när allt känns lönlöst
när kroppen vill ge efter och ge upp
när mörkret är som mörkast

Precis då
kommer ljuset att komma
fruktan övergå i hopp
allt blir bra igen

Så kära du
tids nog kommer även
den eviga väntan att ta slut

Till dess
fortsätt kämpa
trots mörkret
som omsluter dig

För en dag
kommer ljuset att komma tillbaka

Till dess
håll hårt i de små ljusglimtarna
Till dess
att väntans tid är förbi

Till den eviga väntan
som känns
i varje del av kroppen
klingar ut

Starkare än så

Jag vet att du har ont
att ditt hjärta sen länge är trasigt
att nätterna är svåra
och dagarna ännu värre

Jag vet
att du kämpar
med att älska dig själv
Att du jämt och ständigt
tvivlar på dig själv

Men du
jag tror på Dig
på att du klarar det

Jag vet att du har ont
men du är starkare än så
Glöm aldrig det

Lämnas osagt

Allt för många ord
jag önskar att jag sagt till dig
innan du lämnade

Som den där detaljen
att du är den starkaste jag vet
din livslust smittar av sig

Det är du
som skulle leva för evigt
men det blev inte så

Alla dessa ord är skrivna i efterhand
brev som aldrig skickades
ord som aldrig lästes högt

Vingar

Hon flyger trots trasiga vingar
dansar med brutna fötter

Hon viskar
att livet här
är till för att levas
innan hon flyger vidare

Ljusets väg tillbaka

Ljuset
har en förunderlig förmåga
Att hitta sin väg tillbaka
till den som öppnar upp

När allt vi haft fallit isär

Vi kastas omkull
när livet stormar
Orden faller ner på marken
står handfallna kvar

Tänk om…
blev aldrig
skeppet förliste
bron brakade ihop

Under fanns gnistan
för svag för att ta sig upp
för stark för att dö
Är det då vi sakta brister?

Ser askan av det som en gång var
tills inget längre finns kvar
När allt vi haft fallit isär
det vi var slitits itu

När stormen tog sitt

och allt som var ditt

Men det slutar inte där

för gnistan gav aldrig upp

den slocknade aldrig helt

När allt var över

när stormen var förbi

i glöden, början på något nytt

Hjärtan går itu

För alla de som älskat
de vars hjärta gått itu

För alla de som saknar
livets fröjdefulla tid

Jag önskar er sinnesfrid

För alla de som gråter
inombords en stillsam gråt

För alla de som upplever sig vara
trasig själ på stormigt hav
jag önskar dig lugn och ro

För alla de som söker mening

jag önskar ni finner era svar

Aldrig riktigt ensam

Håll din egen hand
om ingen annan gör det

Håll din egen hand
oavsett om någon annan gör det

Håll din egen hand
så är du aldrig riktigt ensam

Stark innerst inne

Du är som henne, du är hon

Hon som kämpar, trots sina motgångar

Hon som aldrig ger upp
trots att hon många gånger velat

Hon som går sönder, gång på gång faller isär

Du är som henne, hon som lagar sig själv

Som reser sig upp en gång till

Varje gång hon faller
Du är hon

Och du är så, så stark
glöm aldrig det

Utan natten kan vi inte se stjärnorna

Jag minns den där dagen

den när du togs ifrån oss

när vi sa farväl, fast vi inte var redo

Sorgens skepnad skiftar

saknaden är stor

den intar rummet, fyller tomrum

Längs vägen finner vi åter

glädje, skratt, mjuka tröjor

små stunder att ta vara på, vardagliga ting

34

När luften känns renare

världens färger klarare, en varm omfamning

sorgen allt mer avlägsen

Då passerar livet, i vacker gemytlig takt

fyllt med kärlek, omtanke, ljus

närvarande i stegen jag tar

Jag bär på en längtan, en sorg och en saknad

som med tiden blivit en del av livet

en del av det som är jag

För utan natten kan vi inte se stjärnorna

Mellanrum

Vad hände däremellan
från det som var då
till det som är nu
När ändrades allt?

Livet

Döden har tagit dig
det var länge sen nu

Kvar finns jag
med alla minnen

Men jag vill att du ska veta
att jag är lycklig nu

Livet har kommit tillbaka
det blomstrar som aldrig förr

Och jag har förlåtit döden,
för att den tog dig ifrån mig

Det sköra hjärtat

Det är en styrka

att våga visa sig sårbar

Det sköra hjärtat är

starkare än du anar

Det är inte svaghet

det är en styrka

Andra delen

En värld så olik min

En värld så olik min

Vi lever under samma himmel
ser samma sol sjunka bortom horisonten

Vi ser stjärnorna på nattens mörka valv
samma måne lyser över oss alla

Ändå trots det
så skiljer sig våra världar åt

Vi lever på varsitt håll
där jag befinner mig
finns allt du någonsin kan önska dig
det rena vattnet, maten på bordet

Där finns trygghet
tak över huvudet och skolgång

Jag minns så väl dagen jag mötte dig
en novemberdag i värmen

Du kämpade för livet
som så många nära dig

Du studerade för en ljusare framtid
hade en önskan att kunna hjälpa

Tyckte mig se hoppet i dina ögon
bland sorgen och uppgivenheten

fanns där en gnista
stor nog för att överleva
för du gör just det - överlever

Medan jag lever här
där jag är

Jag bor på en plats
där jag kan känna mig trygg

Jag har aldrig upplevt krig

aldrig blivit slagen

Jag har aldrig varit dödssjuk

Men jag har hållit handen

på någon jag älskar

som dött i förtid

Jag har sett livet rinna ut

jag har saknat

och jag har gått sönder

Jag har slagits för det jag tror på

utan att skada någon annan

Jag har kämpat

Jag har skrivit

jag har älskat

och jag har brunnit

Mitt i den värld vi lever i
den som är allt vad jag har
allt det du har

Den som är komplett och riven isär
vår värld
med samma himmel och sol,
samma stjärnor och måne

Allt är detsamma
ändå är ingenting lika
men jag tror på dig

Låt inte världen få slå ner dig
res dig upp igen
stå stark

Jag står med dig,
vi står tillsammans

Etiopien i november

Vi såg små barn tigga
familjer som bodde på gatan
unga flickor med bebisar att försörja

Vi såg människor
som knappt hade något
men som ändå log

Vi såg människor
som förlorat hoppet
för länge sen

21 kvadratmeter

Jag går därifrån
de kan inte göra det
jag åker hem
de är redan hemma

Hemma där i 21 kvadratmeter
för sex personer
en tonåring som har barn

Hemma där två trånga rum är allt de har
där sängen inte räcker till
madrasser på golvet

Hemma i en värld
så olik min
För när jag går därifrån
är de kvar

Ett leende som aldrig når ögonen

Mitt hjärta brister
för alla de som saknar
mat för dagen
rent vatten
tak över huvudet
alla de som tvingas uppleva krig

Jag möter hennes blick
leendet når aldrig ögonen
Sorgen hänger över allt
hon kämpar trots motgångar

Mitt hjärta brister
jag vill gråta
jag vill göra mer
jag vill hjälpa fler

Dela det jag bär

Ståendes där framme
blickar ut över samlingen människor
Ler av tacksamhet
samlar orden

Under den stunden
är det som att inget annat finns
enbart jag, åhörarna
rummet, närvaron

Där finner jag min styrka
i något många räds
med röst som bär
ord som flödar

På en plats där tryggheten bor
där rösten blir en tillgång
ett redskap i kommunikation
När jag talar orden, vågar dela det jag bär

Vår tid på jorden

"Det är så det är i världen"
Jag vet
det är så det har varit
och jag vet att jag ensam
inte kan förändra hela världen

Men jag kan göra något
jag vill göra något betydelsefullt
med min existens
Förändra något litet
kanske kan det förändra något mer

Jag är en obotlig optimist
"Hur kan du vara så positiv jämt?"
ord som återkommer
Jag försöker se det vackra i livet
Ler när jag mår bra
skrattar när jag vill

Lever för att jag har fått chansen

jag har en fördel

jag lever och det gör du också

Förvalta den gåvan

ta vara på din tid

Gör det du kan för att göra världen

till en lite bättre plats

För om alla gör något litet

blir det till slut

stort

Och då kanske vi kan

förändra världen

lite i taget

Skapa något betydelsefullt

under vår tid på jorden

Eldsjäl

Den eld som aldrig falnat

styrkan i kroppen hennes

hur hon strålar

inifrån och ut

Elden brinner

såren läkta

den tid som varit är nu

Hon sträcker på sig

vågar vara

helt och fullt

I allt vad hon är - denna eldsjäl

Tredje delen

Början på något nytt

Komma bort och hitta hem

Jag behöver

andas frisk luft

komma bort

För att åter

hitta mitt syfte

Jag behöver

en paus

hitta hem igen

När våren kommer

Förändringen känns i luften
antydan till värme
Vintern släpper sitt grepp
öppnar för det nya

Jordens grönska
porlande bäckar
ett avlägset fågelkvitter

När våren kommer
allting föds på nytt

Vindens viskningar

De lätta dropparna mot ansiktet
håret som virvlar i vinden
Häggen blommar bredvid
om det varit varmt skulle jag känt doften

Vinden sveper runt omkring mig
drar med sig det som gör ont
uppfyller min själ
Jag andas
i djupa andetag
Fyller mig med vindens viskningar
doften av skog

Regnet faller mot backen
bildar små pölar
Jag förblir torr
dropparna når
bara mitt ansikte
men aldrig min själ

Tiden är vår

Det finns idag
ett igår som är förbi
och det finns en morgondag
som väntar på att få levas

Ögonblick

De tårar vi fäller

faller till marken

likt droppar av is

när tiden är ett fruset ögonblick

Trollsländor

Vi lever för en dag
som trollsländor
Lyckligt
men kort

Ta vara på tiden
medan den är din att ha
Innan vi vet ordet av
är livet ett minne blott

Morgontrötta ögonlock

Någon gång, mitt i allt
När vi fastnat i det eviga görandet
kommer vi stanna upp för ett tag

Lyfta morgontrötta ögonlock
släppa in solens morgonstrålar
i ett nystädat rum
Dra sig till minnes
hur det brukade vara
låta tankarna komma
lämna plats för nya

Efterlämna en känsla av insikt
förståelse och förstånd
Kanske förändrar det allt

Kanske fortgår livet i vanlig takt
när vi lyfter morgontrötta ögonlock
och välkomnar ännu en dag

Tid

Konsten

att finna tiden

när man känner

att man inte har tid

att ge sig själv tid

till det man älskar

Frostbitna kinder, kalla händer

Snötäckta grenar
en stjärnklar natt
Snöänglar
ansiktet mot himlen

Vad vi känner i natt
blir de vi är imorgon
Blicken mot stjärnorna
satsa högt

Trädtopparna är nära
alldeles ovanför oss
Vi stannar tiden
mitt i en rörelse

På väg någon annanstans
stannar tiden
Bara en kort stund
kravlös frihet

Den mest stjärnklara av alla nätter
väntar på att få lysa
Snötäckta grenar
en himmel lika svart som kol

Med tindrande stjärnor
som vittnar om
att även i den mörkaste av alla nätter
finns det ljusglimtar att fånga

Den mest stjärnklara av alla nätter
den är här, där vi är
Med frostbitna kinder
och kalla händer

Oförstörd

Framsidan på dagens tidning
en bild på henne
Rubriken skriker rakt i ansiktet på läsaren

Hon var
oförstörd
självsäker

Det du gjorde mot henne
var att bryta ner henne
i minsta beståndsdel

Hon är trasig nu
lika vacker som förut
men nu klädd i trasor

Var är hon
hon som var sådär oförstörd
och självsäker

Hur kan du
ta dig den rätten
den är inte din att ta

Jag vill så gärna tro det

För jag undrar om vi någonsin
blir okej igen
När vi fallit isär, gråtit floder
och dränkt sorgen om igen

Blir vi någonsin okej igen?
jag vill så gärna tro det
För någonstans
vägrar jag acceptera
en sanning som inte är sann

För om hon aldrig blir okej igen
om han aldrig får resa sig upp
och stå stadigt, vad händer då?

Allt jag vill är
att de sorgsna borttappade själarna
ska finna kraften att resa sig upp igen

Jag vägrar tro att man är förlorad

Jag tror på människans kraft

och den styrka som ligger däri

22:49

Bara skriv
utan krav
utan fingertoppskänsla

Bara skriv
allt vad du tänker
allt vad du känner

Bara skriv
låt orden frias från ditt fängelse
låt dig släppa magin lös

Bara skriv
allt du kommer på
när som helst

Bara skriv
när du vill
det blir som allra bäst då

Så länge sen nu

Du vet den där känslan
när man faller sönder och samman
när allt man trott på är förstört

det var så länge sen nu

Älskvärd

Om du kunde se mig
Du skulle älska mig
ännu mer

Jag är aldrig odödlig
lever för livet
Mina ord kaskader av färg inuti
ljusaste nyansen

Himlen om natten
tusen och åter tusen stjärnor
bland min färgpalett
maskrosor, tussilago, doften av skog

Vi är färgernas intensitet
vårens första solstrålar
djupet i havet
de vita strändernas oändlighet
Vi är älskvärda

Vilse

Jag har gått vilse
men ändå hittat hem

Om jag aldrig mött dig

Jag kan
inte låta bli
att undra
tänk om
vi aldrig
mött varandra

Vem hade jag
varit då?

Soluppgång

Klockan har passerat halv fem på morgonen

gatorna ligger öde

Assisi breder ut sig

nedanför berget vi bestigit

silhuetten den sovande staden

himlavalvets stjärnor

bergstopparna, horisonten

allt har stannat upp

Tiden passerar omärkbart förbi

Himlen i förvandling

svart blir sammetsblå

solrosvarm gul nyans

eldfärgad orange

stråk av rosa penseldrag

När solen åter stiger

och den italienska staden

väcks till liv

Livet föds på nytt

Allt och ingenting

Jag vill ha det som mitt eget
jag vill dela det med någon

Jag vill stanna
jag vill gå

Jag vill allt det där
jag vill ingenting

Okänd mark

Jag lät mina fingrar
röra sig över din hud
Utforska okänd mark

Såg nya stjärnor
tändas på en himmel
för att sedan se allt bli svart

Blir det så
om vi
förlorar varandra?

Brustna hjärtan i augusti

Hösten har inte kommit
Jag minns inte längre om det regnade
men jag tror att det gjorde det
den där dagen

Eller kanske var det alla tårar
som fick det att kännas så
Det regnade inombords
trasiga stod vi där, en sista gång

I din blick
fanns allt du ville ha sagt
allt du inte vågade säga
sen tog du sats, andades in djupt

För att sedan med ett sorgset leende
säga "Jag älskar ju dig"
och jag såg
hur ont det gjorde i dig

Hur trasig du var

söndertrasad av regnet inombords

Jag tror det haglade i dig

av smärta och en obesvarad kärlek

Du strök bort en hårslinga

som envist föll tillbaka

Du och jag

och våra trasiga hjärtan i augusti

Det sista sommarregnet

som smattrade mot insidan av huden

Ändå var hösten

en främling vi ännu inte mött

Ett avslutat kapitel

Tiden tycks vara utom vår kontroll
Jorden fortsätter i sin omloppsbana
Månen snurrar runt oss
Ändå är inget som förut
du och jag
finns inte mer
Men solen fortsätter lysa
lika intensivt som igår

Höstlöven faller till marken
ett täcke av orangea nyanser
Vi är som löven
fallna, glömda, nedtrampade
Vi är över nu
men solen fortsätter lysa
och tiden fortsätter gå
trots att vi är över nu

Jag sörjer inte men...

Delar
av mig
finns
inte längre

Oförmögna att gå

Stanna viskade du
men det var längesen nu
Jag står kvar
fastnaglad av verkligheten

Du möter min blick
faller, står kvar
ser på när du vänder dig om
går härifrån

Oförmögen att röra mig
handlingsförlamad
brustet hjärta
trasig flisa av själen

Har dröjt kvar
alldeles för länge nu
Men kan inte gå
inte riktigt än

Smärtsamma val

Det kommer
att vara svårt
och göra ont
Men det kommer
vara värt det
I slutändan
vet du att du
tog rätt beslut
som valde
dig själv
istället
för honom

Nu torkar skogen

Står länge där
bland granar och mossa

Andas in fuktig höstluft
låter solen sila sitt ljus mellan grenarna

Regnet har fallit
nu torkar skogen

föds på nytt av dropparna
återuppväcks i solens ljus

Går härifrån
lite mindre trasig

Alldeles intill

Stanna, viskar jag
värm mitt hjärta

Du är här nu
alldeles intill

Ändå är du så långt borta
bara i mina minnen finns du kvar

knappt där ändå
Nu viskar jag igen

Denna gång ber jag dig
att gå

Det är inte längre här
du hör hemma

Avlägset

Nu börjar jag känna mig hel igen

vilken fantastisk känsla det är

När det man känt förut

blir allt mer avlägset

Början på något nytt

vittnar om hjärtats inre styrka

Fjärde delen

Hjärtats inre styrka

Den inre styrkan

Tänk om jag hade vetat då

allt jag vet nu

Hur stark jag blivit

längs vägen

Älska

Jag tror jag är rädd
för att älska någon på det viset

Älska så mycket
att hjärtat nästan brister

Älska så blodet rusar
och hjärnan kopplar bort

Älska
och falla

Jag tror jag är rädd
för att falla för någon på det viset

Jag är

Full av känslor
när natten övergår till gryning
lika lite som du känner ibland
känner jag mycket för det mesta
jag gråter, skrattar och ler
när jag är glad är jag lycklig
när jag är ledsen väntas något bättre

Jag är så mycket mer än det du vet
jag är trasiga nätter sommarkvällar
soluppgångar
jag är allt jag sett och det jag drömmer om
jag är bilderna på min mobil
och texterna på spotifylistan

Jag är så mycket mer än vad du tror
jag är glädje och eufori,
jag är stora ord och små gester

Jag är en hopplös romantiker som älskar

kärleken

jag är en vän, en dotter, en syster

jag är en förlorad kärlek

och en vunnen självkänsla

jag är min kropp och min själ

jag är så mycket mer än det du kan se

Någonstans däremellan,

mellan det kroppsliga

och det inombords

så finns allt det som är jag

Jag är mig själv

varken mer eller mindre

Solljus

Jag vill vara solljus

Den stråle som lyckas

leta sig in i ditt mörker

lysa upp din värld

Men jag kan inte vara den

som bär dig genom livet

När tvivlet letat sig in

Jag vill att du ska veta

när tvivlet letar sig in

det gör det för alla ibland

Tvivlet som steg in

utan att knacka

Hjärtats kantstötta bitar

Säg mig, hur gör man
för att älska varenda liten del av sig själv

Se allt det vackra
bland sprickor av det förflutna
Kroppen som bär varenda dag
som har stått kvar
genom tårar och ångest
utan att backa

Sinnet har samlat alla känslor
alla fragment av en tid som är försvunnen
Det som skapat poesi av kärlek och hjärteont
det som fortsatt kämpa
när benen inte bar

Vi fortsätter att älska varje del
av det trasiga hjärtat

Den delen som gått sönder
den som blivit kvar
den som förlorat en nära
Vi älskar varenda en av delarna
som om vi aldrig gjort något annat

Vi ser dem
omfamnar dem
och låter dem vara
precis som de är
när vi skapar poesi av känslorna

Fortsätt kämpa
även i stunder när benen inte bär

Det bästa jag vet

Jag vill berätta om alla känslor jag känt
de som tagit mig med storm
de som rört om allt jag har
de som förblir
och de som sen länge är över

Jag vill skriva
om längtan, saknad, kärlek
om brustna förhoppningar
och trasiga flisor

Jag vill skriva om kreativitet
faser, sorg, vänskap
Jag vill skriva om stöttning
om tro
om oss, alla vi som orkar
Jag vill skriva
det är det bästa jag vet

Fri

Där -

med blicken på den blyfärgade himlen

var jag som allra mest fri

Vi som aldrig blev

Jag sa att jag kommer skriva om oss
Den korta tid vi fick du och jag

Jag tror att mycket av det vackra med oss
var att vi var trygga i oss själva

"Dina ögon är mer blå i det här ljuset"
Du ler och blicken får mig att vilja kyssa
dina läppar, kyssa dig andlös
Tills allt vi har är varandra
Inlindade i känslor, omslutna av regnet

"Vad hade mina ögon för färg förut?"
frågar jag
"De var mer grå, gröna, men du är lika
vacker nu som då"
säger du som om det var självklart
Jag ler och skakar på huvudet
som i förnekelse inför dina sista ord

Två timmar senare finner vi oss
intrasslade i ett samtal
Vi finner oss gåendes
längs en väg vi borde svängt av
så vi gör det, ändrar riktning

Det räckte aldrig till mer än den tid vi fick

Natten med dig var vacker
Vi fanns i närvaron av vårt vi
andades mjuk hud
Lyssnade på regnet
som smattrade mot biltaket

Vi var
i en tid som bara var vår till låns
delade ögonblick vi aldrig får tillbaka
Vackra stunder i gryningsljuset
för att återigen somna om
sida vid sida, hand i hand

Vi sa farväl

andades in varandra

en sista gång

Allt var en sista gång

igår, i natt, idag, i morgon

Den jag vill vara

Jag har tappat bort
den jag var
men funnit
den jag vill vara

Själsfränder

Vi var så rätt,
bara inte för varandra

Tid att lyssna inåt

Vi fastnar i vardagens bestyr
glömmer bort det viktiga

Någonstans mellan middagens disk
och veckostädningen
hoppas jag att du tar dig tid att vila

Känn in kroppen, vad säger den dig?
Hur mår du, innerst inne?

Det är märkligt hur hjärnan reagerar
när vi stänger av sociala medier för ett tag
pausar ständig uppdatering

Tankarna faller på plats
Tid att lyssna inåt

Menade att vara

Tänk om vi blir
de vi är menade att vara
bara genom att vara de vi är

Snudda vid din varma hud

Jag har glömt
hur det känns
att snudda
vid din varma hud

I halva hjärtat

När du nöjer dig
med något som känns
i halva hjärtat

Ger du dig
aldrig chansen att få uppleva
något större än så

Det förgängliga

Hand i hand

för alltid vi

Så blev det aldrig

för oss

Ögonblick

Vi lever just nu
det är allt som räknas
Tänk om jag inte lever tills jag blir 100 år
Tänk om idag är allt jag får

Vara med dig

Jag tror jag måste bli

den jag är menad att vara

innan jag kan vara med dig

Det vackraste du vet

Jag vill vara
det vackraste du vet

Jag vill vara
mig själv med alla brister

Jag vill vara
allt och lite till

Jag vill vara
det vackraste jag vet

Femte delen

När vi blir hela igen

En rymd av känslor

Har någon berättat hemligheter för dig?
viskat i ditt öra tyst, nästan ljudlöst
de fina orden som bär så mycket sanning

Har någon tagit dig åt sidan
kysst dig vimmelkantig
övertalat dig att stanna fast du tänkte gå

Har någon rört dig
på ett sätt som fick tiden att stanna
kommit in i ditt liv
och med ens varit menad att stanna

Har någon sett på dig
som om du var den vackraste
på denna planet
som om du var solen, stjärnorna och
hela galaxen

Har någon hållit din hand
sådär självklart
som om det alltid skulle vara ni två
hand i hand

Har någon funnits där för dig
när du var oförmögen
att finnas
där för dig själv

Har någon älskat dig?
har du älskat denna någon på samma sätt
lika oklanderligt, vackert och ostoppbart?
säg mig, har du det?

Det finns så mycket kvar att uppleva
så många stunder som inte hänt
människor vi inte mött
en rymd av känslor vi inte känt

I natt

Himlavalvets
stjärnor
lyser för oss
i natt

Luckras upp i konturerna

Jag vill känna din doft
den där parfymen
som gjorde mig knäsvag
Känna känslan i kroppen
när hela min existens
luckras upp i konturerna
då jag har dig nära

Älska och älskas

Jag är så värd att älska
och att älskas

En oförklarlig lycka

Jag vill skriva om våra skratt som bubblade
av lycka, om vackra tankar
och saknaden när du inte var nära

Om den längtan jag kände före jag mötte dig
Jag vill skriva
om hur glädjen fanns i bröstet

När du öppnade dörren
och bad mig stiga på
För där och då
när vi öppnade dörrarna för varandra

hände något vackert
en oförklarlig lycka
som har stannat kvar hos dig
jag är inte längre där

De regntunga själarna

Dansade fram
längs regniga gator

Såg varken dig eller henne
bara främlingarna
som hukade i regnet
och honom
han som vände ansiktet mot himlen
och log inifrån

Han som fick regnet att vara
det finaste som fanns

Jag dansade förbi
de regntunga själarna
främlingarna

Sett allt värt att se

Hela världen

ryms i dina ögon

Kan det vara så

att man aldrig mer

behöver resa när man mött dig

man har redan sett allt värt att se

Glädjerus

Jag kan känna ditt hjärta slå
hur det av glädjerus hoppar över slag
gör volter i bröstet
bryter sig ut
kastar sig fri
hjärtat däri

Vad vackert det är
låter inget hållas tillbaka
spricker
lagas
går itu

Men mitt i allt
faller bitarna på plats
jag tror de alltid kommer göra det
så länge hjärtat fortsätter slå

Vägval

Världens alla möjligheter
sträcker ut sig framför oss
Vidsträckta vägar
milslånga avstånd

Kan du höra din inre röst
I bruset av röster
Finner du den rätta vägen
den som känns i hjärtat

mitt i hjärtat

Längs med livet

Tänk så länge vi följts åt
så många födelsedagar
vi tillsammans firat

Delat både glädjen och sorgen
Längs livet
har vi knutit samman

Och mitt ibland
varmrättens goda mättnad
och efterrättens sötma
har vi funnit vänskapen

Nog minns vi allt
kräftskivor och midsomrar
snapsvisor och blomkransar

Tänk så mycket vi upplevt
så mycket vi delat

Det är nu livet händer
än finns det lång tid kvar

Tid att njuta,
tid att fira

För tänk hur vackert det är
med en vänskap som följer
längs med livet

Alltid

Du kommer alltid
vara en del av mitt liv
vad som än händer
det vill jag lova dig

Tack

Tack för att du kämpar
inte ger upp när du möter motstånd

Tack för att du fortsätter
även de gånger du tvivlar

För den du är, all glädje du sprider
och den omtanke du skänker

Tack för all tilltro och för ditt mod
att våga följa dina drömmar

För att du vågar drömma stort, hoppas,
längta efter mer och ständigt kämpa

Tack för att du tar hand om dig själv
med allt vad det innebär

För allt du gör, det du skapar och ger

Tack för att du tror på mig

Längtan

Jag vill stanna hos någon
ligga inlindad
i en varm famn
känna värmen

Jag vill dela andetag
när minut blir timme
och dag blir till år

Jag vill stanna
stanna där jag inte
känner behovet av att gå
där jag känner
tryggheten och kärleken
som oset från maten

Jag vill så gärna finna
en famn att stanna i
något som känns speciellt och värdefullt

Jag behöver inte rosor varje fredag

inga dyra presenter

Jag vill uppleva livet tillsammans

dela ögonblick av både glädje och sorg

Jag vill skratta av lycka,

resa bland minnen och mysa i soffan

Jag vill ha djupa samtal

som aldrig tycks ta slut

Jag vill möta en sådan människa

du vet den där som gör avtryck i hjärtat

som stannar långt efter att de gått

men jag vill ha dig kvar

hålla dig nära

Jag vill dela livets alla små stunder

stanna med någon

där vi båda växer

till att bli bättre

Tillsammans

Krispig höst

Andas in krispig höstluft
låter kylan transportera syrerikt blod
genom bronkerna
bronkiolerna
och slutligen till alveolerna
Där de tar med sig koldioxiden
andas ut allt överblivet
andas in dig

Ingen som dig

Av alla människor jag mött
finns det ingen som dig

Känns det så för dig också?

Jag önskar
få veta

Om ditt hjärta
också bankar sådär hårt

Så man nästan tror
att någon bryter sig in

Famnen full med stjärnor

En dag
ska jag plocka ner stjärnor till dig

Den dagen
när jag når ända upp

När den dagen kommer
ska jag plocka hela famnen full
med stjärnor till dig

En dag
ska du få himlens stjärnor av mig

Min sårbarhet blottas för dig

Du får nära
att kännas
som om det inte är tillräckligt

Hud mot hud
är nära
men ändå
allt för långt ifrån

Min sårbarhet blottas
på ett sätt
den aldrig någonsin gjort förut
när du får nära att bli närmare ändå

Ord som stannar kvar

Det finns vackra ord
värda att behålla

Ord som stannar kvar
långt efter de blivit sagda

Ett liv utan dig

Jag vill
att du ska veta

"Jag kan inte tänka mig
ett liv utan dig"

Du finns i mitt hjärta

Vissa människor
har en given plats
i hjärtat mitt

du är en av dem

Kärlek lika självklar som soluppgången

Om du någon gång faller handlöst framåt
så finns jag där

Om du inte vet var du ska ta vägen
är famnen min alltid öppen

Och vad som än händer
vart livet än för oss

Oavsett var vi befinner oss
så ska jag bara vara ett telefonsamtal bort

Alltid

För jag vill att du ska veta
att precis som solen går upp varje morgon
lika självklar är min kärlek till dig

Det finns ingen som dig

Tillsammans kan vi lyfta berg
flytta murar och bygga liv

Tillsammans blir vi så starka
När vi är tillsammans
är vi oss själva fullt ut

Älskade lillasyster
du finns alltid i mitt hjärta
nu och för all framtid

Till min fyrbente vän

Om du bara visste
hur mycket du betyder för mig
Din glädje över allt här i livet
hur du upptäcker världen
ser allt med nyfiken blick

Dina varma tassar och lena päls
hur du får mig att känna
varenda dag
varenda stund
med varandra

Kasta dig ut

Jag följer min dröm
och älskar mig själv för det

Vägen till framtiden

Våga
våga lite mer
tänk vart det kan
leda dig

EFTERORD

Förutom att skriva så älskar jag att föreläsa.

Jag drömmer om att få nå ut med mina ord ännu
mer. Tidigare har jag föreläst vid ett flertal
tillfällen. Det är något speciellt med att tala inför
människor. Låta det skrivna ordet talas och
fastna hos lyssnaren långt efter den lämnat
rummet.

Få chansen att inspirera andra till att finna ännu
mer glädje i tillvaron.

Inspirera till samtal, skrivande och egna
drömmar. Men även till förändringskraft och
kämparglöd, en vilja att förbättra världen för
andra människor.

Våga ta kontakt med mig via mejl

malvarosenfeld@gmail.com

FÖRFATTARENS TACK

Stor tack till dig som har läst boken.
Min förhoppning är
att du berördes av det du läste.

Kanske fann du "ord värda att behålla",
ord som slog an i ditt hjärta
och kanske kan de hjälpa dig
finna fler delar av ditt hjärta.

Jag vill tacka alla
som betyder oändligt mycket
för mig.

Mamma och pappa tack för att ni alltid stöttar
mig, oavsett vad. För alla samtal vi delat, stora
som små och för allt ni gör för mig.

Min älskade syster Linnéa - utan dig hade mitt
liv inte varit detsamma, tack för att du finns!

Jag är tacksam
för mina underbara vänner
och alla stunder vi delar tillsammans.

Tack till alla människor
jag får förmånen att spendera tid med.

Tack till alla er
som tagit er tid att test läsa
och med er feedback
gjort denna diktsamling
ännu bättre.
Oerhört tacksam för den hjälpen!

Tack till alla som finns där och funnits där
genom livet.

Kram, kram

Malva Catharina Rosenfeld

Nora, 17 april 2021